RAPPORT

FAIT AU CONSEIL CENTRAL D'HYGIÈNE ET DE SALUBRITÉ

SUR LA

FABRICATION DES ALLUMETTES CHIMIQUES

DANS LE DÉPARTEMENT DE LA MOSELLE

EN 1860

Par M. J.-B. GÉHIN, Secrétaire du conseil

———▷★◁———

METZ

IMPRIMERIE DE V. MALINE, RUE COUR-DE-RANZIÈRES

———

1867

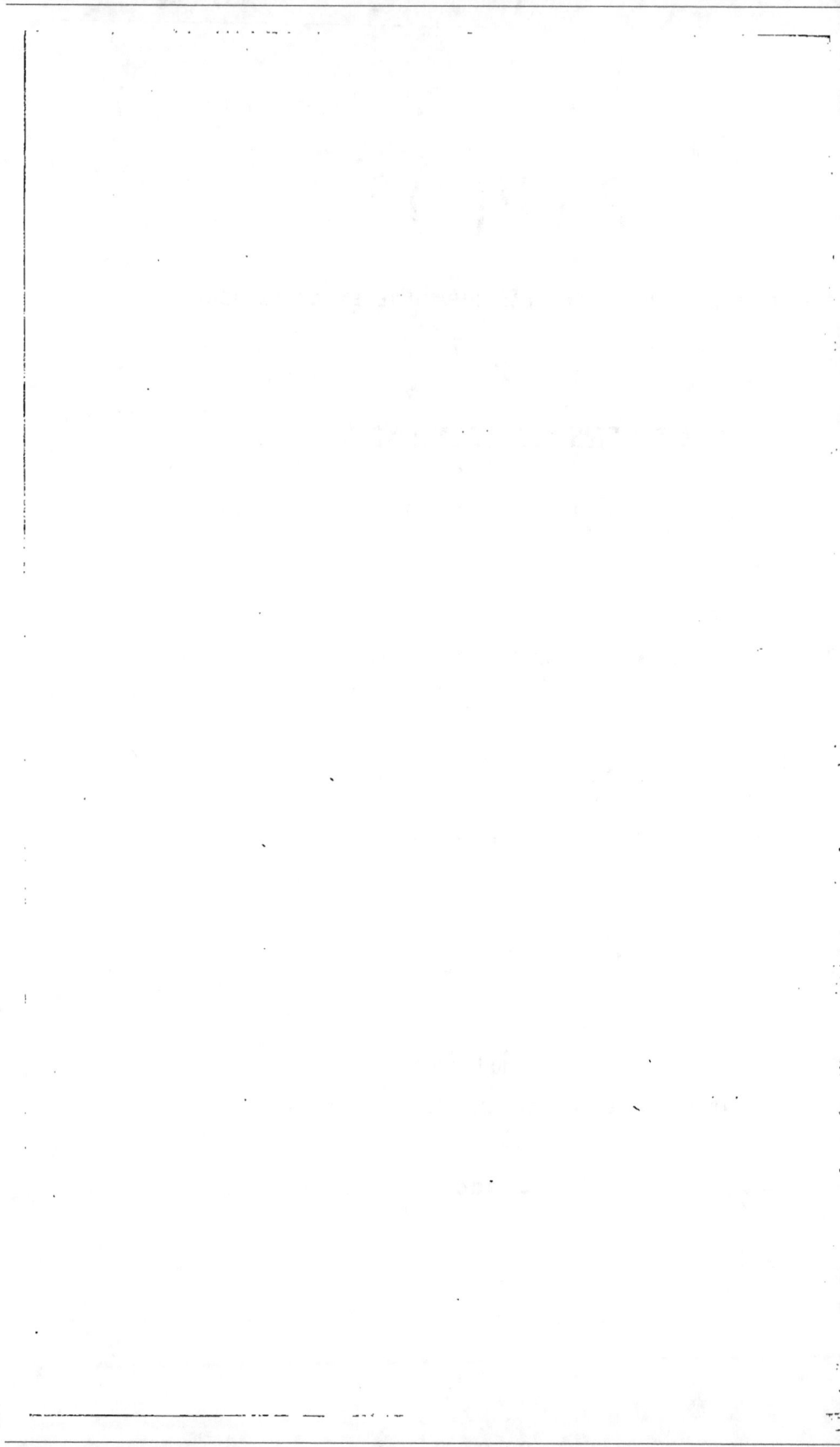

RAPPORT

FAIT AU CONSEIL CENTRAL D'HYGIÈNE ET DE SALUBRITÉ

SUR LA

FABRICATION DES ALLUMETTES CHIMIQUES

DANS LE DÉPARTEMENT DE LA MOSELLE

EN 1860

Par M. J.-B. GÉHIN, Secrétaire du conseil

Messieurs,

Dans les derniers mois de 1858, une enquête de *commodo* et d'*incommodo* a été ouverte à Sarreguemines, à l'occasion d'une nouvelle fabrique d'allumettes chimiques, pour laquelle on demandait l'autorisation préfectorale. Indépendamment des oppositions formulées contre la création d'un nouvel établissement de ce genre, des plaintes nombreuses ont été adressées aux autorités compétentes, sur la mauvaise tenue d'une fabrique déjà existante, ainsi que sur les inconvénients qui en résultent, tant au point de vue de la santé des ouvriers qui y sont employés, qu'à celui de l'hygiène et de la salubrité de la ville de Sarreguemines. M. le Sous-Préfet, M. le maire et le conseil d'hygiène de cette localité, étant unanimes pour reconnaître la légitimité de ces plaintes, formulèrent chacun une demande tendant à faire procéder à une enquête générale sur la fabrication des allumettes chimiques dans l'arrondissement de Sarreguemines.

M. le Préfet de la Moselle, dans sa sollicitude pour assurer le bien-être physique et le bien-être moral des nombreux ouvriers employés à cette fabrication, aussi bien que dans l'intérêt de la santé publique, a, par une lettre en date du 25 janvier dernier, chargé M. Géhin de se rendre sur les lieux, et d'y recueillir tous les renseignements qui pourraient éclairer l'administration sur les abus à réprimer et lui faire connaître les diverses conditions dans lesquelles se pratique la fabrication des allumettes chimiques.

Bien qu'en 1856 M. le ministre de l'agriculture, du commerce et des travaux publics ait fait procéder à une enquête générale sur la matière, par le comité consultatif d'hygiène publique, et que le rapport qui en est résulté puisse être considéré comme un traité spécial sur l'hygiène de cette industrie, il est à remarquer, cependant, que les documents qui ont servi de base au savant rapporteur, M. Ambroise Tardieu, ont été puisés dans les environs de Paris; et, comme j'ai eu occasion de constater plusieurs fois que, dans le département de la Moselle, la fabrication des allumettes chimiques ne se fait pas toujours dans les mêmes conditions que dans le département de la Seine, j'ai cru devoir étendre le cadre qui m'était imposé par la nature de ma mission.

Les habitudes des ouvriers étant, à Sarreguemines du moins, complètement différentes de celles que l'on a fait connaître pour les ouvriers des environs de la capitale, j'aurai à vous signaler des pratiques inconnues à Paris, à détruire quelques assertions trop facilement généralisées, et surtout à fixer votre attention sur des inconvénients qu'il importe de faire cesser au plus tôt.

Les documents qui m'ont servi pour le travail que j'ai l'honneur de vous soumettre, m'ont été fournis avec la plus grande bienveillance par toutes les personnes auxquelles je me suis adressé, et plus particulièrement par MM. les docteurs Guillaume et de Langenhagen de Sarreguemines, par M. Bardou qui dirige depuis longtemps le bel établissement de Rémelfing, par M. le contre-maître de la fabrique de MM. Couturier, Lauth et compagnie, de Sarreguemines, et, enfin, par M. Fischer, l'un des propriétaires de la nouvelle fabrique. Je regrette, Messieurs, de ne pouvoir vous offrir un travail écrit avec autant de talent que celui du rapporteur du comité consultatif d'hygiène; mais l'in-

dulgence que vous m'avez témoignée jusqu'ici ne me fera pas
défaut en cette circonstance, et c'est dans cet espoir que j'ai
entrepris les recherches sur lesquelles je vais maintenant appeler
votre bienveillante attention.

HISTORIQUE ET FABRICATION DES ALLUMETTES CHIMIQUES.

Un morceau de silex , un briquet et de l'amadou , tels étaient
encore au commencement du XIXe siècle, et pour les nations les
plus civilisées, les instruments nécessaires pour se procurer du
feu. Pour avoir de la flamme il fallait un quatrième engin,
l'allumette, composée alors d'un morceau de bois mince ou d'une
portion de la tige d'une plante fistuleuse, comme le chanvre,
avec les extrémités enduites de soufre.

Depuis cinquante ans environ, la physique et la chimie, deux
sciences qui étonnent si souvent le monde par leurs merveilleuses
applications, ont considérablement modifié les procédés employés
par nos pères pour avoir du feu et de la lumière. Ainsi la
physique a su mettre à profit la propriété que possède l'éponge
de platine de devenir incandescente par un jet d'hydrogène.
Le briquet à air, que l'on montre encore dans les laboratoires,
est fondé sur ce que le calorique dégagé par la compression de
l'air est suffisant pour enflammer un morceau d'amadou porté
par le piston d'une pompe sans soupape. L'étincelle qui se
produit lors de la combinaison des deux électricités, ou de
l'interruption d'un courant électrique, pourrait aussi être mise à
profit et donner lieu à des applications de ce genre ; mais, disons-
le tout de suite, ces appareils sont compliqués, dispendieux,
difficiles à entretenir, et, par conséquent, ne peuvent résoudre
la question pratique.

La chimie, au contraire, possède, par la réaction énergique
qui se produit lors de la combinaison de certains corps ou par
la décomposition de quelques autres, les éléments nécessaires à
la solution complète de la question. Les pyrophores basés sur la
propriété qu'ont certains mélanges de s'enflammer au contact
de l'air, le phosphore lui-même, n'ont été pendant longtemps

destinés qu'à des expériences chimiques, dans l'acception vulgaire du mot, et ce n'est, comme je l'ai dit en commençant, que depuis le commencement de ce siècle que l'on a songé sérieusement à appliquer d'une façon pratique, c'est-à-dire commode, la chimie à la production du feu et de la lumière d'une manière facile et en même temps économique.

Vers 1813, le briquet oxygéné, inventé en France quelques années auparavant, recevait en Allemagne, à Tubingen et à Berlin, la première application industrielle du procédé chimique, qui consiste à remplacer l'action mécanique du briquet par la réaction produite lors du contact de l'acide sulfurique avec une pâte au chlorate de potasse recouvrant l'extrémité d'une allumette soufrée. Ce premier pas vers l'allumette chimique que nous connaissons aujourd'hui avait encore de grands inconvénients, tant au point de vue de la pratique qu'à celui du prix d'achat; aussi, malgré ce progrès incontestable sur l'ancien procédé, nous souvient-il encore à tous d'avoir fait usage du fameux briquet au silex et à l'amadou.

La première application industrielle du phosphore consistait en un flacon rempli de cette substance, et dont il fallait enlever, avec friction, quelques parcelles au moyen d'une allumette soufrée ordinaire.

Ce n'est guère que vers 1832 ou 1833, et presque simultanément à Vienne et à Paris, que l'on produisit les premières allumettes chimiques s'enflammant par la seule action du frottement sur un corps dur. Ces allumettes, dont le chlorate de potasse et le sulfure d'antimoine formaient la base, produisaient une véritable déflagration, lorsqu'elles prenaient feu; aussi leur donna-t-on, en Allemagne, le nom d'allumettes à la congrève, nom parfaitement justifié d'ailleurs, tandis qu'en France, où l'on est toujours ami du merveilleux ou de l'inconnu, on les désignait sous le nom impropre d'allumettes électriques.

Il paraît que c'est vers 1834 que parurent, en Allemagne, les premières allumettes au phosphore blanc et au chlorate de potasse. C'était là un progrès remarquable, mais dont malheureusement il découlait plusieurs conséquences fâcheuses, tant

au point de vue de la santé des ouvriers qu'à celui de l'inflammabilité de la pâte chimique, dont une partie était projetée avec
violence lors de sa combustion.

Enfin, en 1839, le docteur Bœtger, de Francfort, substituait
le nitrate au chlorate de potasse, et permettait ainsi d'introduire
dans la fabrication des allumettes et dans leur usage, une
amélioration considérable. Ce sont encore là, Messieurs, les
éléments qui composent aujourd'hui la pâte dont on se sert dans
les fabriques d'allumettes chimiques du département de la
Moselle, longtemps désignées en France sous le nom d'*allumettes
allemandes,* alors même qu'à Paris et dans d'autres localités on
fabriquait des produits semblables à ceux de nos voisins.

Depuis dix-huit ans, malgré tous les efforts faits pour remplacer ces allumettes par d'autres présentant moins d'inconvénients dans la fabrication et moins de dangers dans la pratique,
on n'est pas encore parvenu à livrer au public un moyen aussi
simple, aussi expéditif, et d'une valeur commerciale aussi
minime. Cependant, plusieurs fois déjà, ce résultat désirable a
été annoncé, et tout porte à croire que les efforts des fabricants,
qui n'ont plus guère d'autres moyens de se faire concurrence,
suffiront pour amener cette importante amélioration dont la
partie théorique peut être considérée comme entièrement
résolue.

L'énorme consommation faite en Europe et un commerce
d'exportation considérable expliquent le développement que
cette fabrication a pris dans certaines contrées, notamment en
Autriche, où il existe des fabriques qui emploient jusqu'à
1,200 ouvriers, et qui produisent annuellement au delà de
25 billions d'allumettes chimiques. En France, cette industrie
est loin d'avoir pris une pareille extension, et l'on ne saurait
évaluer à plus de 5 billions la production totale de toutes ses
fabriques réunies, dont les principales sont situées à Paris,
au Mans, à Angers, à Saintines; dans le département de la
Moselle, Sarreguemines, Rémelfing et Bitche sont les trois
localités où sont établies des fabriques de cette nature. Enfin, à
Metz, il existe encore deux ateliers de ce genre, de peu d'impor-

tance industrielle, il est vrai, en raison de la qualité de leurs produits, mais qui n'en méritent pas moins de fixer l'attention du conseil central d'hygiène, à cause des mauvaises conditions dans lesquelles le travail s'y accomplit, en dehors des règles de la prudence et contrairement aux prescriptions de la police.

La fabrication en grand des allumettes chimiques comprend plusieurs opérations qu'il importe de vous faire connaître brièvement, afin de bien déterminer la part d'influence que chacune d'entre elles peut avoir sur la santé des ouvriers et sur la salubrité publique.

Les bûches de bouleau ou de tremble sont débitées en allumettes rondes ou carrées, de cinq à six centimètres de longueur, par des machines spéciales mues par la vapeur dans les établissements un peu considérables. A mesure que les allumettes sont découpées, elles sont reçues dans des paniers d'où on les porte à l'étuve pour en opérer la dessiccation. Les étuves sont chauffées par de l'air à 200 ou 210 degrés de température, et sont placées dans le voisinage du générateur à vapeur, ou dans d'autres parties de la fabrique, selon la disposition des lieux, les exigences du service, etc., etc.

Après la dessiccation complète des bois à allumettes, on procède à la mise en châssis. Cette opération est la plus longue, c'est aussi celle qui exige le plus d'ouvriers. Toutes les autres parties de la fabrication sont d'ailleurs subordonnées à ce travail, et on peut facilement se rendre compte de l'activité d'une fabrique par la seule inspection de l'atelier où se fait la mise en châssis. Ordinairement ce sont des femmes et des enfants de 12 à 16 ans qui disposent les bois à allumettes sur des bandes de carton ou de bois garnies de drap et marquées d'entailles transversales, de manière que chacune de ces entailles, recevant une allumette, on puisse réunir un grand nombre de celles-ci qui, toutes isolées, peuvent être alors soufrées et chimiquées à la fois. Ces allumettes, disposées par rangées de 30 à 40, sont maintenues ensemble par un cadre en bois et serrées fortement par une vis à main ou par des clavettes après que l'une de leurs extrémités a été ramenée dans un même plan.

Les châssis, convenablement disposés, sont réunis au nombre de dix dans des caisses à coulisse, de manière à les maintenir dans une position verticale, et portés dans l'atelier où se pratique le soufrage d'abord, le chimicage ensuite. Il est d'usage de placer quelques instants les châssis à plat sur une plaque en fonte chauffée à 250°, pour chauffer l'extrémité des allumettes, afin que le soufre adhère mieux au bois en même temps que celui-ci en retient moins en raison de sa température élevée.

Le soufrage terminé, les châssis sont mis de côté pendant quelques minutes, de manière à laisser abaisser leur température à 30 ou 35°. Ils sont alors repris par le chimiqueur qui procède au trempage ou chimicage des allumettes. Cette opération se pratique sur une table de marbre chauffée en dessous par un bain-marie sur laquelle on étend la pâte phosphorique en couche d'une épaisseur de 2 à 3 millimètres, au moyen d'une spatule de bois qui plonge le reste du temps dans un réservoir contenant la préparation chimique, composée comme je l'ai dit, de phosphore, de nitrate de potasse, de gélatine, de verre pilé, de matière colorante et d'eau.

Immédiatement après le trempage, les châssis, toujours réunis dans la caisse, sont portés à l'étuve ou au séchoir, afin d'opérer la dessiccation de la pâte chimique que l'on vient de leur appliquer. Dans les étuves chauffées à la vapeur ou à l'air chaud, un séjour de deux heures suffit ordinairement pour terminer cette partie importante de la fabrication. Dans les séchoirs ordinaires, la dessiccation est plus longue, mais on évite les plus grandes chances d'incendie et l'on diminue l'insalubrité d'un atelier. En sortant de l'étuve, la fabrication est terminée et les allumettes peuvent immédiatement servir aux usages auxquels on les destine. Cependant, avant de les livrer au public, on les enferme dans des boîtes, on les réunit en paquets, etc. C'est dans un atelier contigu à l'étuve ou au séchoir que se pratiquent ces diverses opérations. En général, ce sont des femmes qui remplissent cette tâche, la plus insalubre de toute la fabrication, tant à cause de la température élevée du milieu où elle se pratique, qu'à cause du nombre des ouvriers et de leur séjour prolongé dans le même atelier.

2

Après la mise en boîtes ou en paquets des allumettes, on procède à leur emballage dans des caisses qui contiennent 2,500, 5,000 ou 10,000 boîtes dites de 100 allumettes, mais qui, en réalité, n'en renferment que 75, 70 ou même 60. Pour qu'une fabrication soit fructueuse, il faut au moins qu'elle produise 20,000 boîtes d'allumettes par jour.

En dehors des opérations dont il vient d'être question, il y a encore toute une fabrication qui, dans la Moselle, est intimement liée à celle des allumettes chimiques ; c'est celle des boîtes de bois ou de carton destinées à les renfermer. Les opérations qui constituent cette fabrication sont : le sciage du bois ; le découpage des fonds et celui du carton ; le collage des boîtes à la fécule ou à la gélatine ; la mise des fonds, la pose des étiquettes ; et enfin l'application de l'enduit gratteur aux extrémités des boîtes. Toutes ces opérations n'ont par elles-mêmes aucun inconvénient relativement à la santé des ouvriers. Cependant, les conditions dans lesquelles on les pratique quelquefois mériteront de fixer votre attention.

Tel est, en général, Messieurs, l'ensemble des manipulations qui se pratiquent dans les fabriques d'allumettes chimiques de l'arrondissement de Sarreguemines, où, d'ailleurs, on ne confectionne ni bougies phosphoriques, ni allumettes à la stéarine. Quelquefois on y prépare de l'amadou découpé en petites lanières sur chacune desquelles on dépose une gouttelette de pâte chimique ; mais, dans les proportions où elle est restreinte, cette partie de la fabrication ne mérite pas de fixer davantage votre attention.

Le phosphore, qui, par ses propriétés énergiques, forme la base de la pâte chimique, est un corps simple dont la découverte remonte aux beaux temps de l'alchimie, c'est-à-dire à près de deux siècles. Resté longtemps sans usage ou à peu près, ce n'est que vers 1834, ainsi que j'ai déjà eu occasion de le faire remarquer, qu'il a commencé à être employé industriellement quand on a mis à profit la propriété qu'il possède de s'enflammer facilement à l'air à une température basse, facile à produire par le frottement. L'allumette prend feu d'autant plus rapidement que,

toutes choses égales d'ailleurs, elle renferme plus de phosphore.
L'expérience a démontré qu'un kilogramme de cette substance
peut servir à la confection de 30,000 boîtes de 72 allumettes
chimiques chacune; c'est donc environ un gramme de phosphore
pour 30 boîtes, ou moins d'un demi-milligramme de phosphore
par allumette; on a donc bien raison de dire que le prix du
phosphore n'entre presque pour rien dans le prix de l'allumette
chimique. Mais, comme pour alimenter une fabrication journalière de 60,000 boîtes, il faut consommer (pour 300 jours de
travail) environ 600 kilogr. de phosphore, on comprend la part
d'influence que les variations de prix de cette matière doivent
avoir sur les bénéfices que procure cette industrie ; les fabricants
doivent donc être peu disposés à substituer au phosphore ordinaire une substance d'un prix beaucoup plus élevé, comme, par
exemple, le phosphore rouge.

Le phosphore étant insoluble dans l'eau, c'est par une sorte
d'émulsion avec de la gélatine qu'on parvient à l'incorporer à
chaud à la pâte chimique. C'est dans un vase de fonte, et à la
chaleur du bain-marie, que l'on fait fondre d'abord la gélatine ;
on y ajoute ensuite le nitrate de potasse pulvérisé et séché, là
matière colorante, etc. Quand la température de ce mélange est
d'environ 45°, on y introduit le phosphore par petites parties et
en agitant continuellement la masse avec une sorte de pilon en
bois très-élargi par la base. Dans le commencement de l'addition
du phosphore, quelques parcelles mises à nu par l'agitation
prennent feu par leur contact avec l'air, mais jamais la masse
ne s'enflamme quand elle ne contient pas de chlorate de potasse.
On opère ordinairement sur 10 à 15 kilogr. de pâte à la fois, et,
comme le phosphore y entre pour environ 20 p. 0/0, c'est donc
2 à 3 kilogr. de phosphore que le chimiqueur est chargé
d'émulsionner à la fois. Un ouvrier habile conduit cette opération
sans thermomètre et sans autre guide que la main.

C'est le cas de vous faire observer, Messieurs, que dans aucune
des nombreuses formules de pâtes chimiques que j'ai pu examiner, je n'ai trouvé nulle part l'indication de l'arsenic ou celle
d'une préparation arsénicale quelconque ; je crois donc que l'on

pourrait sans inconvénient se dispenser d'introduire un article prohibitif de ces substances dans les arrêtés d'autorisation, puisque cette disposition ne porte que sur des matières inutiles, lesquelles, s'il faut en croire les renseignements que j'ai recueillis, n'ont jamais été employées.

Le phosphore ordinaire, celui dont il a été jusqu'ici question, et que l'on désigne aussi sous le nom de phosphore blanc, peut, quand il est chauffé à la température de 250° et dans de certaines conditions, prendre un état isomérique extrèmement remarquable, qui n'a aucune analogie avec les phénomènes de cet ordre connus jusqu'à présent. Dans ce nouvel état, le phosphore a des propriétés complètement différentes de celles que vous connaissez au phosphore ordinaire. Ainsi, il est rouge, amorphe, résinoïde, cassant et facile à pulvériser, sans saveur ni odeur appréciables; insoluble dans l'éther et le sulfure de carbone; il ne devient lumineux qu'à 200°, et ne brûle qu'à 260°, température à laquelle il redevient phosphore ordinaire. Outre ces propriétés extraordinaires, il en est une surtout qui mérite de fixer votre attention, c'est l'innocuité du phosphore rouge sur l'économie animale : des expériences récentes et nombreuses ont montré que les animaux auxquels on en avait fait prendre l'avaient rendu intact, et sans en avoir éprouvé aucun inconvénient.

Vers 1847, M. Schrœtter, de Vienne, a le premier fait connaître ce phénomène remarquable d'isomérisme, et, peu de temps après, M. Preshel, habile fabricant d'allumettes chimiques de la même ville, a eu l'heureuse idée d'employer le phosphore ainsi transformé, lequel est désigné sous les noms de phosphore rouge, de phosphore amorphe, pour préparer des allumettes chimiques. Malheureusement, la chaleur développée par le frottement ne suffit plus pour enflammer ce phosphore, et, pour en déterminer la combustion, il faut ajouter du chlorate de potasse dans la pâte chimique. S'il y avait progrès d'un côté, on rétrogradait de l'autre, car les allumettes fabriquées avec ces nouvelles matières déflagraient avec violence, projetaient de tous côtés de la matière enflammée, et en rendaient ainsi la préparation et l'usage très-dangereux.

En 1848, Mme Mœrkel, de Paris, remplaçait le chlorate de potasse par un mélange de nitrate et de bioxyde de plomb ; mais cette nouvelle combinaison ne produisit pas les résultats qu'on en attendait, et fut bientôt abandonnée par son auteur.

Enfin, en 1853, M. Lumstrum, de Jœnkœping (Suède), a employé industriellement un procédé qui consiste à préparer d'une part des allumettes soufrées ou stéarinées et enduites de pâte au chlorate de potasse seul, et, d'autre part, une surface de frottement dans laquelle le phosphore rouge entre comme élément essentiel. Il résulte de cette combinaison que le contact n'a lieu qu'au moment où la tête de l'allumette est portée sur l'enduit phosphoré, et que l'on en peut ainsi régler la combustion plus facilement. Ce procédé, qui paraît tourner la difficulté plutôt que la résoudre, a été, comme toutes les idées heureuses qui réussissent, revendiqué par plusieurs auteurs. La bonne foi de trois d'entre eux a été cependant reconnue en 1855, et tous trois ont reçu des récompenses du jury international de l'Exposition universelle de Paris.

Je passe sous silence, Messieurs, les luttes industrielles et commerciales survenues depuis cette époque entre les auteurs de cette invention, ses imitateurs, ses contrefacteurs, et les fabricants d'allumettes chimiques avec le phosphore blanc. Les uns ont exagéré les dangers qui résultent de la fabrication et de l'usage des allumettes chimiques au phosphore ordinaire ; les autres ont voulu nier, malgré l'évidence, l'introduction d'un progrès incontestable sous tous les rapports. Comme le conseil central d'hygiène ne saurait avoir en vue que les intérêts de la santé des ouvriers et de l'hygiène publique, nous pouvons dire aux premiers : Vos produits sont dangereux, tant à cause de leur inflammabilité qu'à cause de la matière toxique qu'ils renferment, et leur fabrication est très-insalubre dans plusieurs de ses parties ; — aux seconds : Vos produits sont encore d'un prix trop élevé, et leur usage est moins commode que celui des allumettes ordinaires actuellement employées ; — aux uns comme aux autres, nous pouvons ajouter : Continuez vos recherches, redoublez vos efforts, et donnez-nous des allumettes d'un emploi aussi facile et d'un prix aussi modique que celles faites au phosphore blanc, mais aussi inoffensives et aussi exemptes d'inconvénients hygiéniques que le sont les allumettes au phosphore rouge.

Maintenant, Messieurs, que vous connaissez le détail de la fabrication des allumettes chimiques, il est temps de vous faire connaître le personnel qui travaille dans les fabriques de Sarreguemines et de Rémelfing. D'après la situation industrielle produite à l'administration pour le dernier trimestre de 1858, il résulterait que 862 ouvriers se trouvaient répartis dans les trois fabriques d'allumettes chimiques de l'arrondissement de Sarreguemines. Mais il y a ici une exagération produite par l'assimilation faite des ouvriers employés à la fabrication des allumettes chimiques avec ceux qui travaillent dans les fabriques de produits chimiques. Mes renseignements, puisés aux sources les plus certaines, ne m'ont donné que 280 ouvriers à Sarreguemines (en y comprenant ceux qui vont entrer dans le nouvel établissement que vous avez autorisé dans votre dernière séance), 200 à Rémelfing et 20 à Bitche, en tout 500 ouvriers, dont 100 hommes, 180 femmes et 220 enfants. Or il est à peu près reconnu que 50 ouvriers produisent environ 25,000 boîtes d'allumettes par jour; c'est donc une production journalière de près de 250,000 boîtes qui, au prix moyen de 12 fr. le mille, représentent une valeur annuelle de plus de 900,000 fr. et environ 600 millions d'allumettes chimiques, c'est-à-dire près du dixième de la production des fabriques françaises; j'avais donc raison de vous dire que cette fabrication avait, dans le département de la Moselle, une importance digne de fixer votre attention.

En général, la population ouvrière des environs de Sarreguemines est pauvre, et par conséquent mal nourrie et mal logée. M. le docteur Guillaume m'en a fait le tableau suivant : des logements bas, humides, mal entretenus, où se trouvent entassés des familles entières composées souvent de huit ou dix individus ; une nourriture débilitante composée de café au lait dont la chicorée forme l'élément essentiel : de la salade, des pommes de terre, presque jamais de viande ni de vin ; des vêtements insuffisants en hiver, souvent malpropres en été, etc., etc. Il ne faut donc pas s'étonner, Messieurs, si la chlorose, la scrofule et la phthisie sont fréquentes dans ces contrées, et si l'on trouve sur beaucoup d'entre ces malheureux des traces évidentes de faiblesse, d'apathie et de délabrement général. Dans un rapport spécial, adressé à M. le Préfet de la Moselle par M. le docteur de Langenhagen, médecin cantonal de la 34e circonscription, ces résultats sont encore confirmés par le passage suivant, que e copie textuellement : « Je suis assez souvent consulté par ces ouvriers (ceux des fabriques d'allumettes) pour des affections diverses; mais ce qui domine en celles-ci, ce qui les engendre même le plus souvent, c'est, à n'en pas douter, la scrofule...... Leurs membres sont grêles ; il est rare que leur taille dépasse ou atteigne la moyenne, qui, dans cette contrée, est assez élevée. »

Enfin, notre honorable collègue, M. le docteur Rousset, qui a longtemps habité Sarreguemines, m'a également confirmé le mauvais état physique dans lequel se trouve la population ouvrière de cette partie du département, et cela, quelle que soit l'industrie à laquelle elle est employée. Il ne faut donc pas rendre la fabrication des allumettes chimiques responsable de ce fâcheux état de choses, mais seulement tenir compte des influences que les émanations phosphorées peuvent avoir sur la santé d'hommes, de femmes ou d'enfants ayant une telle constitution, en y joignant, en outre, les vices ordinaires qui, malheureusement, semblent inhérents à toutes les populations industrielles, tels que l'ivrognerie et la débauche. C'est ici le cas de faire remarquer que dans la Moselle, contrairement à ce qui paraît avoir été observé ailleurs, les ouvriers chimiqueurs ne sont pas plus que les autres répréhensibles sous le rapport de la moralité et de la conduite; que chez eux on ne trouve ni plus ni moins d'ivrognes ou de malpropres, et que les filles n'y sont ni plus ni moins prudes que celles qui fréquentent les autres ateliers.

DANGERS ET INCONVÉNIENTS DE LA FABRICATION DES ALLUMETTES CHIMIQUES.

Comme toutes les industries, et, comme il est facile de le prévoir, plus que beaucoup d'autres, la fabrication des allumettes chimiques a des inconvénients et des dangers dont il nous importe maintenant de bien connaître l'origine et la nature. Sans vouloir vous arrêter longtemps aux causes d'insalubrité qui résultent du séjour des ouvriers dans des ateliers trop étroits ou mal aérés, puisque ces inconvénients sont communs à toutes les industries, je dois cependant appeler votre attention sur ce qui est particulier à la fabrication des allumettes chimiques.

Le sciage des bois, le rabotage des allumettes, etc., se font dans des ateliers qui n'ont rien à craindre de l'encombrement, en raison de l'élévation qui est nécessaire pour disposer les poulies de renvoi, de l'espace occupé par les machines, etc. La mise en châssis est, ainsi que je l'ai déjà dit, l'opération la plus longue et celle qui emploie le plus d'ouvriers. En général, ce sont des femmes et des enfants qui sont chargés de ce travail, qui, bien que peu rétribué par châssis, procure encore un salaire de 0 fr. 60 c. à 1 fr. par jour en moyenne à chaque ouvrier. Cette partie de la fabrication est celle qui cause les plus grands embarras, à cause de la difficulté de se procurer le personnel suffisant; car il est bon de faire remarquer ici que ce travail n'a pas encore pu être opéré mécaniquement d'une manière convenable, et que l'on peut, en général, doubler le nombre des monteurs de châssis employés dans une fabrique sans changer les autres parties du service. Il résulte de ces faits que l'on accepte tous les ouvriers qui se présentent, et qu'on les entasse dans des ateliers où le manque de ventilation vient encore ajouter aux mauvaises conditions hygiéniques qui découlent de leur encombrement.

Le chauffage du soufre se fait ordinairement à feu nu, dans un vase de fonte carré, ayant une gorge tout autour pour recueillir le soufre, qui déborde quelquefois du récipient principal. La température du bain de soufre est d'environ 125° centigrades; c'est, comme on sait, vers ce point de l'échelle thermométrique que sa fluidité est la plus grande. Bien que le soufre n'entre en ébullition qu'à 460°, il produit des vapeurs bien au-dessous de cette température; par conséquent, l'ouvrier soufreur est soumis à l'action de ces vapeurs pendant son travail; mais on sait qu'au point de vue de sa santé il n'a rien à en redouter, et, quoi qu'on en ait dit, cette opération est bien réellement sans inconvénients. Cependant, il n'en serait plus de même, si la température du bain de soufre était portée à 250°, car alors la combustion aurait lieu en produisant de l'acide sulfureux. La difficulté d'obtenir une température constante par un chauffage à feu nu, jointe à la négligence des ouvriers, fait que cette inflammation du bain de soufre a lieu quelquefois, et qu'il est de toute nécessité de prescrire la construction d'une hotte, de manière à entraîner dans une cheminée à fort tirage les vapeurs et l'acide sulfureux qui résultent de ces accidents.

Avant d'aborder les parties de la fabrication où il est fait usage du phosphore, je dois encore vous parler de la fabrication des boîtes, opération par elle-même complètement inoffensive relativement à la santé des ouvriers, mais qui très-souvent est pratiquée dans de très-mauvaises conditions. La dessiccation de la colle qui maintient l'extrémité du copeau formant le corps de la boîte étant assez longue et nécessitant un matériel considérable, on a pris la mauvaise habitude d'en abréger la durée et de réduire le nombre des outils, en pratiquant cette opération dans des ateliers qui servent à la fois d'étuve et dont la température est souvent supérieure à 35°.

Il doit vous paraître évident, Messieurs, que toutes les causes d'insalubrité que je viens de vous signaler peuvent être facilement évitées, et qu'il suffirait, pour atteindre à ce résultat, de trouver moins d'indifférence de la part des propriétaires de ces fabriques. Or, si l'on tient compte que des ouvriers qui sont employés à la préparation de la pâte phosphorique, au chimicage, à l'étuvage et au démontage (opérations qui, comme je vais le démontrer tout à l'heure, soient les seules réellement insalubres), on n'arrive pas au chiffre de 50 pour l'ensemble des quatre fabriques qui fonctionnent aujourd'hui ; soit donc moins du dixième de la population ouvrière travaillant à la fabrication des allumettes chimiques. Les neuf dixièmes de ces ouvriers doivent donc, au point de vue hygiénique, rentrer dans la classe de ceux qui exercent les professions les moins insalubres. Un

3

dixième seulement travaille dans de mauvaises conditions, il est vrai ; cette proportion pourrait encore être considérablement diminuée, ainsi que vous pourrez vous en convaincre. Quelque minime que soit le nombre des ouvriers manipulant directement le phosphore, il mérite certainement de fixer toute la sollicitude du conseil central ; mais il faut convenir qu'il ne peut justifier l'exagération avec laquelle quelques auteurs ont parlé de cette industrie, ni motiver la prohibition dont on voulait la frapper.

Le phosphore blanc, ce corps singulier, si facilement inflammable, jouit aussi, outre les dangers d'incendie, de propriétés toxiques extrêmement énergiques ; son emploi doit donc occasionner des désordres plus ou moins graves sur la santé des ouvriers ; les allumettes elles-mêmes constituent un moyen aussi facile que dangereux de se procurer facilement un poison très-actif.

Il n'entre ni dans ma compétence ni dans nos attributions de traiter l'affection particulière et funeste qui, sous le nom de nécrose, amène chez les ouvriers chimiqueurs (et sous ce nom je désigne tous ceux qui, dans la fabrication, manipulent le phosphore à ses divers états) des accidents plus ou moins graves dans les os maxillaires ou dans ceux du nez. Ce fait est malheureusement hors de doute ; et sans parler des ouvrages spéciaux publiés en France et en Allemagne sur cette maladie, elle a été observée plusieurs fois, dans les environs de Sarreguemines, par MM. les docteurs Guillaume, Rousset, de Langenhagen, etc. Je regrette, Messieurs, de ne pouvoir ici vous donner les chiffres qui représentent le nombre des cas observés, celui des guérisons, et ceux, fort rares du reste, dans lesquels le malade a succombé ; mais je ne puis me servir que des documents mis à ma disposition, et dans ceux-ci je n'ai trouvé aucun des renseignements qu'il serait fort intéressant, sinon fort utile, de connaître.

Le phosphore est par lui-même un corps peu volatil (son point d'ébullition est à 290°) ; mais, exposé à l'air, il s'y combine lentement et dégage des vapeurs blanchâtres composées d'acide hypophosphorique et quelquefois d'un peu d'hydrogène phos-

phoré provenant de la décomposition de l'eau qui le mouille.
La plus grande quantité de ces vapeurs se produit quand on le
retire du liquide dans lequel on est obligé de le conserver,
tant pour en éviter l'altération que pour empêcher les
incendies auxquels sa combustibilité expose. On a dit aussi
que le phosphore lui-même entre dans la composition de ces
vapeurs. Ce fait est possible; mais, dans tous les cas, le phosphore en vapeur doit rester très-peu de temps dans cet état au
contact de l'air, à cause de sa grande affinité pour l'oxygène.
C'est par l'existence de ce phénomène que l'on a cherché à
expliquer l'état de phosphorescence que l'on dit avoir observé
sur l'haleine et les excréments des ouvriers qui travaillent le
phosphore. Si, en effet, ce singulier phénomène a été observé,
il doit être excessivement rare, car, depuis treize ans qu'il existe
à Sarreguemines et à Rémelfing des fabriques d'allumettes chimiques, il y est complètement inconnu; j'ajouterai même que
les patrons et les ouvriers de ces établissements placent ces faits
au nombre des absurdités qui, selon eux, ont été dites à dessein
sur leur industrie.

Toutes choses égales d'ailleurs, les vapeurs blanches émises
par le phosphore ou par la pâte phosphorée sont d'autant plus
intenses que la température du mélange est plus élevée; c'est
même d'après cette indication que les ouvriers employés à la
préparation de la pâte règlent la marche du feu de leur fourneau. L'atmosphère des ateliers où se pratiquent le trempage et
le démontage est donc plus ou moins altérée par la présence de
l'acide hypophosphorique, dont les propriétés excitantes ont
pour premiers résultats de provoquer la toux chez les ouvriers
nouveaux. Cependant, les organes de la respiration se font vite
à ce mélange gazeux, et, après quelque temps, l'organisme
semble s'y être complètement habitué. Au bout d'un temps plus
ou moins long, et dans cette sorte d'incubation, on comprend la
part d'influence que doivent avoir les habitudes de l'ouvrier, sa
constitution, son régime, etc., il se produit des accidents parfaitement caractérisés par le docteur de Langenhagen dans le rapport
que j'ai déjà eu l'honneur de vous signaler, et auquel j'emprunte

encore la citation suivante : « J'ai quelquefois occasion d'observer dans ma pratique particulière, ou en visitant les ateliers, les altérations suivantes : peu de mâchoires parfaitement saines (2 sur 12), les dents qui les garnissent, surtout les incisives inférieures, sont caractérisées par la présence simultanée de deux teintes bien distinctes, séparées par un sillon : l'une supérieure, blanche, accuse l'intégrité de l'émail ; l'autre inférieure, d'un jaune mat et d'aspect légèrement rugueux, témoigne, au contraire, de sa destruction. Les gencives sont gonflées, facilement saignantes, et détruites en partie là où, à l'état normal, elles chaussent encore les dents avant leur implantation dans l'alvéole. Ces caractères sont tellement constants et identiques chez chaque sujet qu'ils sont pathognomoniques de la profession qui y donne lieu. » En dehors de ces altérations, que j'ai pu moi-même observer sur les démonteuses seulement, je dois ajouter que quelques-unes de ces ouvrières avaient une faible rougeur autour des paupières, et qu'un teint jaune ou pâle se faisait remarquer chez quelques-unes de celles qui fréquentent ces ateliers depuis longtemps. Si, comme il résulte d'ailleurs des nombreuses recherches qu'on a faites à ce sujet, le *mal chimique,* pour me servir de l'expression consacrée, ne se développe, en général, qu'après un séjour assez prolongé dans les ateliers, il est à craindre que l'avenir ne vienne encore augmenter le nombre et la gravité des nécroses maxillaires, dont l'altération des dents, signalée plus haut, semble être les précurseurs.

Bien qu'il soit à peu près impossible d'attribuer le mal chimique à d'autres causes qu'à l'absorption des vapeurs phosphoriques, toujours est-il qu'il est assez difficile d'expliquer la localisation de la nécrose aux os maxillaires, plus rarement aux os du nez, et jamais jusqu'ici, dans le département de la Moselle du moins, sur les palatins ou les autres parties osseuses de la tête. Ces nécroses ne sont cependant produites, selon toute apparence, que par l'absorption de l'acide hypophosphorique, qui transforme les sels calcaires des os en phosphates acides solubles. Il faut donc admettre que cette absorption est localisée aux muqueuses de la bouche et du nez: car si elle était générale, toutes les parties du squelette seraient sujettes à présenter ce genre d'affection. A ces particularités singulières, nous ajoutons qu'à Lyon, par exemple, où l'on fabrique dans un seul établissement plus de 60,000 kilogrammes de phosphore tous les ans, la nécrose y est complètement inconnue; cependant les ouvriers employés au raffinage et au moulage du phosphore sont fréquemment en contact avec cette substance, et leurs travaux les astreignent à respirer souvent une atmosphère froide, humide, et saturée d'émanations phosphoriques à un degré plus prononcé que celui qui existe dans les fabriques d'allumettes chimiques. Il faut donc reconnaître que malgré les travaux remarquables publiés jusqu'à ce jour sur cette cruelle maladie, on n'est pas encore certain d'avoir déterminé les véritables causes de son origine. Ne serait-il pas possible de tenter, comme prophylactiques, l'usage des alcalins dans les aliments ou comme masticatoire? Il y aurait là une série de recherches à faire, très-intéressantes au point de vue médical et fort utiles au point de vue de l'humanité. Malgré mes recherches, je n'ai pu savoir si à Bouxviller (Bas-Rhin), où il existe aussi depuis longtemps une fabrique considérable de phosphore, la nécrose y est également inconnue. Après cette courte indication des principales maladies attribuées aux habitudes professionnelles des chimiqueurs, il me reste encore à examiner l'action particulière qu'elles exercent sur les diverses catégories d'ouvriers qui y sont exposés, et l'intensité particulière qui affectent chacune d'elles.

Dans la Moselle, on a en général abandonné la préparation de la pâte chimique à la gomme pour lui substituer la pâte à la gélatine; celle-ci a l'inconvénient de ne pouvoir s'appliquer à froid, mais les allumettes préparées avec cette pâte se sèchent plus facilement, et, disent les fabricants, elles ne sont pas hygrométriques. Je dois dire ici que cette hygrométricité ne me parait pas tenir à l'emploi de la gomme, mais plutôt à la présence du nitrate de soude, ou à celle des chlorures de sodium et de potassium que renferment souvent les nitrates de potasse du commerce.

Pendant la préparation de la pâte chimique et dès le commencement de l'addition du phosphore, il arrive souvent que quelques parties de cette substance sont mises à nu et qu'elles s'enflamment au contact de l'air; mais jamais la combustion ne s'étend à toute la masse, quand elle ne renferme pas de chlorate de potasse. Je me suis assuré aussi que cette masse liquide ne prend pas feu, même par le contact d'une allumette en ignition. L'humidité de la pâte empêche la combustion du phosphore; on a donc beaucoup exagéré les dangers d'incendie que présente cette opération, et c'est pour cette raison que je pense qu'il y a lieu de supprimer, dans les arrêtés d'autorisation, la limitation de la quantité de pâte à préparer à la fois. D'ailleurs, cette quantité maximum, fixée à un litre dans tous les arrêtés que j'ai consultés, n'a jamais été pratiquée depuis que le nitrate de potasse a remplacé le chlorate de cette base; j'ajouterai que, dans les fabriques considérables, cette prescription serait tout à fait inexécutable et même dangereuse, vu la multiplicité des opérations qu'il faudrait faire pour émulsionner les 2 ou 3 kilogrammes de phosphore nécessaires pour fabriquer journellement 60 à 80,000 allumettes chimiques.

Si les préparateurs de la pâte chimique reçoivent une plus grande quantité de vapeurs phosphorées, cette circonstance fâcheuse est contrebalancée par le peu de durée de l'opération, par l'alternance de ce travail avec d'autres qui nécessitent des allées et des venues continuelles, et qui mettent ces ouvriers dans des conditions analogues à celles où se trouvent placés ceux qui préparent le phosphore, et qui sont exempts du mal chimique, dit-on, par cette seule raison de l'alternance des travaux.

Le travail des chimiqueurs étant subordonné à celui des monteurs de châssis, il en résulte qu'il est souvent interrompu par des repos plus ou moins longs, qui permettent aux ouvriers de sortir de l'atelier et de se soustraire ainsi pendant quelque temps aux émanations de la pâte phosphorée. Une circonstance également favorable à la conservation de leur santé, c'est que le travail des chimiqueurs cesse ordinairement deux heures avant celui des autres ouvriers, parce que, les châssis d'allumettes ne devant pas rester la nuit dans l'étuve, on cesse d'en apporter longtemps avant l'évacuation complète de celles qui s'y trouvent.

Si les étuveurs et les metteuses en boîtes sont déjà, par un travail plus long, dans de plus mauvaises conditions hygiéniques que les ouvriers dont il vient d'être question, leur santé se trouve encore plus compromise à cause de la température plus élevées de ateliers où ils travaillent. Il ne m'a pas été possible cependant de rien constater à cet égard d'une manière absolue. On peut néanmoins admettre que ce sont ces ateliers qui, par le nombre des ouvriers qu'ils renferment et par leur manque de ventilation, donnent lieu au plus grand nombre, sinon à la totalité, des nécroses. C'est donc surtout sur leurs dispositions intérieures, leurs dimensions, leur mode d'aération, etc., que doit porter l'attention des hygiénistes chargés d'instruire les autorisations, ou des agents de l'autorité chargés de les surveiller. Je dois encore signaler ici un danger auquel se trouvent plus particulièrement exposées les metteuses en boîtes, c'est celui des incendies partiels qui se produisent souvent lorsqu'elles introduisent les allumettes, encore chaudes de la chaleur de l'étuve, dans les boîtes en bois. Quand ces combustions se produisent, l'ouvrière en arrête la propagation et la durée, en plongeant le paquet d'allumettes enflammées dans la petite boîte remplie de sable placée auprès de chacune d'elles.

L'empaquetage et l'emballage des boîtes qui renferment les allumettes chimiques sont des opérations qui, par elles-mêmes, ne présentent non plus aucun inconvénient sérieux ; cependant, comme elles se pratiquent le plus souvent dans l'atelier du démontage des châssis, on place ainsi volontairement et fort inutilement plusieurs ouvrières dans des conditions d'insalubrité auxquelles elles ne devraient pas être exposées.

Dans presque toutes les industries, il y a, en dehors des produits directs de la fabrication, des déchets et des résidus qui, dans un grand nombre de cas, deviennent la source d'embarras sérieux pour le fabricant et l'une des principales causes d'insalubrité pour le voisinage. La fabrication des allumettes chimiques n'est pas exempte de ces inconvénients, et je dois maintenant vous en faire connaître les résultats. Les bois employés pour faire les allumettes ou les copeaux pour la confection des boîtes sont toujours plus ou moins humides afin d'en faciliter le travail ; les déchets ou les rebuts qui en résultent sont brûlés dans les divers poëles placés dans les ateliers pour chauffer la pâte chimique, ou pour tenir la colle ou la cire à cacheter en fusion. Ces poëles marchent donc plus ou moins bien selon le degré de dessiccation du bois qui les alimente, et c'est probablement cette circonstance qui a introduit dans quelques fabriques la fâcheuse habitude de faciliter la combustion de ce bois vert ou humide par l'usage des rebuts d'allumettes déjà chimiquées, obtenant ainsi un foyer plus facile à enflammer et se débarrassant de déchets susceptibles de devenir encombrants et dangereux par leur accumulation. Les résultats d'une pareille pratique sont faciles à prévoir : un fourneau rempli de tels matériaux, n'ayant en général qu'un faible tirage dans un tuyau étroit, va donner lieu à une fumée très-épaisse, contenant en outre les produits de l'évaporation et de la combustion imparfaite et simultanée du soufre, du phosphore, du nitrate de potasse. Ces vapeurs, répandues en abondance, ou à de fréquents intervalles, dans l'atmosphère, doivent rendre celle-ci impropre à la respiration, donner lieu à des accès de toux, à une odeur âcre, suffocante, désagréable, et amener contre les fabriques d'allumettes chimiques des plaintes aussi nombreuses que persistantes de la part des habitants du voisinage. C'est, en effet, ce qui a eu lieu à Sarreguemines, tandis qu'à Rémelfing rien de ce genre ne s'est produit, bien que cependant la fabrication y soit au moins aussi active, mais parce que les déchets d'allumettes chimiques sont brûlés de manière à porter les produits de cette combustion dans la cheminée de la machine à vapeur, où ils achèvent de se comburer en donnant des produits gazeux qui ne sortent qu'à une hauteur suffisante pour être dispersés dans l'atmosphère. En dehors de ce grave inconvénient, qui fort heureusement est facile à éviter, et en exceptant les dangers d'incendie, il est évident que les fabriques d'allumettes chimiques n'ont par elles-mêmes rien qui puisse nuire à la salubrité du voisinage ni causer le moindre trouble à l'hygiène des habitants ; leur isolement de toute habitation nous paraît donc satisfaire aux exigences de la plus rigoureuse sécurité.

En dehors des habitudes du conseil central qui, d'ordinaire, borne son examen à celui des opérations qui se pratiquent dans les ateliers, ou à la disposition de ceux-ci, sans se préoccuper davantage des produits fabriqués qui en résultent ; je dois encore, Messieurs, appeler votre attention sur l'usage que l'on fait des allumettes chimiques en raison des abus que l'on peut en faire et des accidents auxquels elles donnent lieu. Il faut d'abord reconnaître que, depuis que l'on a renoncé à employer le chlorate de potasse dans la préparation de la pâte, les dangers de la fabrication, comme ceux de l'usage, ont considérablement diminué, et que les précautions imposées aux fabricants ou aux expéditionnaires pour le transport des produits de cette nature ont aussi amené une notable diminution dans le nombre des accidents causés par les allumettes au phosphore blanc.

La facilité de l'emploi, jointe à une valeur vénale dont on conçoit à peine la diminution, a créé dans le public des habitudes excessivement difficiles à modifier ; c'est ce qui, jusqu'à ce jour, a le plus contribué au peu de succès des allumettes au phosphore rouge, qui n'ont presque point d'inconvénients sous le rapport des incendies, et qui surtout ne mettent pas dans les mains les plus inexpérimentées, comme dans les plus coupables, des éléments aussi dangereux que le phosphore ordinaire. Cependant, sans nier la gravité d'un pareil danger, je crois qu'on en a fait trop de bruit, et que le besoin de servir certains intérêts a amené la publication très-regrettable, faite par tous les journaux, de la manière de se procurer la matière toxique dont quelques misérables se sont déjà servis. Sans entrer dans le fond du débat soulevé à ce sujet, je dois constater ici que depuis 1846, époque à laquelle fut créée, dans le département de la Moselle, la première fabrique d'allumettes chimiques, aucune tentative de suicide ou d'assassinat, pas plus que d'incendies ou d'imprudences funestes, n'a été observée dans le département comme ayant pour cause les allumettes chimiques. J'ajouterai encore

4

que si certains auteurs ont pu avancer que les ouvrières qui travaillent à la fabrication des allumettes chimiques sont sujettes à l'avortement, toujours est-il que cette assertion est niée énergiquement, à Sarreguemines et à Remelfing, par les directeurs des fabriques, par les ouvriers, et par les docteurs de la localité. J'ai vu à Rémelfing, lors de ma visite dans cette fabrique, une fille et une femme enceintes, l'une de sept mois et l'autre de huit, travaillant aux ateliers et ne songeant pas du tout aux conséquences fâcheuses que l'on attribue à leur occupation. Presque toutes les femmes du village, qui ont travaillé ou qui travaillent encore à la fabrique, ont des enfants bien portants, et le nombre des fausses couches n'y est pas plus considérables que partout ailleurs.

Est-ce à dire, Messieurs, que cette fabrication ne laisse rien à désirer? loin de moi une pareille pensée. Malgré toutes les améliorations qu'elle a subies depuis dix ans, il reste encore beaucoup à faire, il est vrai ; mais vous ne tarderez pas à reconnaître la part considérable qui revient aux directeurs des établissements de ce genre, dans les causes d'altération de la santé des ouvriers ou de la salubrité publique. Je tiens seulement à bien constater ici que l'on a exagéré les dangers et les inconvénients de cette industrie ; le but que nous avons surtout en vue étant celui d'assurer aux ouvriers la fréquentation d'ateliers rendus aussi salubres que le comporte la nature des manipulations du genre de celles que nous vous avons fait connaître.

Quant aux incendies dont les allumettes chimiques peuvent être la cause, voici comment, en 1846 déjà, et alors que le chlorate de potasse était encore employé dans la composition de la pâte, MM. Montfalcon et de Pollinière (p. 252 du *Traité de la salubrité dans les grandes villes*) s'exprimaient au sujet des accidents produits par l'usage encore nouveau, mais déjà général, des allumettes à la Congrève : « Ces accidents isolés ne peuvent faire proscrire des produits fort utiles et passés dans nos usages ; ils invitent seulement à prendre beaucoup de précautions. » Aujourd'hui, nous ne voyons rien à ajouter à ces conseils, car nous les croyons applicables à toutes les sortes de moyens de se procurer facilement du feu et de la lumière.

Enfin, Messieurs, en terminant cette deuxième partie de mon rapport, je dois encore vous rappeler les moyens qui ont été proposés pour atténuer ou rendre plus faciles à découvrir et à traiter les empoisonnements causés par la pâte des allumettes chimiques. M. Caussi, d'Albi, a conseillé d'y faire entrer une certaine quantité d'émétique. En supposant qu'un dixième de milligramme de ce composé dût entrer dans la préparation de chaque allumette, cette addition constituerait encore une dépense annuelle de plusieurs milliers de francs. Cette prescription ne tarderait donc pas à être inexécutée, et les contraventions qui en résulteraient entraîneraient certainement l'administration dans des complications et des tracasseries insupportables. La proposition faite par MM. Chevalier et Cadet de Gassicourt, d'ajouter à la pâte phosphorique une substance autre, telle que le *quassia amara*, l'aloès, etc., me paraît plus pratique et tout aussi efficace que celle de l'émétique. N'oublions pas cependant, Messieurs, qu'en voulant trop réglementer, on conduit ordinairement le pouvoir à tolérer des abus d'une autre nature que ceux qui existent, et que l'on rend impraticable une opération jusque-là sans grands inconvénients. S'il fallait appuyer ce que j'avance, je n'aurais qu'à vous rappeler qu'en 1848 on a donné une formule pour la préparation de la pâte arsénicale destinée à la destruction des rats et des souris; les substances que l'on y a fait entrer remplissent bien le but que l'on s'était proposé, celui de rendre sensible la présence de cette préparation dans les aliments, mais on a si bien fait que les animaux n'en veulent pas, et que l'ordonnance de 1848 équivaut à la suppression de toute pâte arsénicale. Le mal n'est pas grand, à la vérité, à cause de l'application récente du phosphore à cet usage; mais que serait-il advenu, si cette substitution ne s'était pas produite? évidemment le retour aux anciennes formules, et par conséquent une lettre morte de plus dans les cartons de l'administration.

DE LA FABRICATION DES ALLUMETTES DANS LE DÉPARTEMENT DE LA MOSELLE.

Maintenant, Messieurs, que vous connaissez les détails de la fabrication, la nature des substances mises en œuvre, et le personnel qui fréquente les ateliers, il vous sera facile de vous rendre compte des conditions que devrait réunir une fabrique d'allumettes chimiques pour être convenablement installée. Il faudrait pour cela trouver avant tout, de la part des chefs d'établissement, plus d'empressement pour l'exécution des prescriptions qui leur sont imposées, et, de la part des ouvriers, moins d'insouciance des dangers auxquels ils s'exposent souvent fort inutilement.

Dans le département de la Moselle, la fabrique la plus importante, comme la plus ancienne, est celle de Rémelfing, petit village situé à environ deux kilomètres de Sarreguemines. Créée en 1846 et autorisée par ordonnance ministérielle en mars 1847, elle a été établie dans les dépendances de l'ancien château. Sans vous en faire parcourir tous les ateliers, je dois cependant vous dire qu'en général l'espace et la lumière y sont suffisamment distribués, et que cette première condition assure à chacun des ouvriers la jouissance des six mètres cubes d'air respirable par heure, que les hygiénistes considèrent comme nécessaires à la conservation de la santé des ouvriers.

L'ancienne chapelle, dont une partie est divisée en deux étages, est consacrée à la mise en châssis. Cette opération est faite par environ 150 ouvriers, femmes, filles, ou enfants des deux sexes, et je n'aurais ici rien à dire si, pour la commodité du service, on n'avait pratiqué une communication directe et constamment ouverte, entre cet atelier et celui où s'opère le trempage. D'une aussi fâcheuse disposition il résulte que les vapeurs phosphorées se répandent dans l'air que respirent, pendant 12 à 14 heures par jour, un nombre considérable d'ouvriers. Lors de ma visite dans cet établissement, dès 8 heures du matin, la présence des vapeurs blanches produites par les émanations de la pâte chimique était déjà manifeste; et, quoique le travail ne fût commencé que depuis peu de temps, plusieurs enfants faisaient entendre une petite toux brève, sèche, caractéristique, occasionnée par la présence de l'acide hypophosphorique dans l'air de l'atelier. Un pareil état de choses ne saurait être toléré plus longtemps ; car il fait participer aux dangers de la préparation du trempage un nombre considérable d'ouvriers qui y sont étrangers, et qui, par leur âge et leur frêle constitution, méritent plus que tous les autres que l'on prenne des précautions à cet égard.

Dans l'établissement de Rémelfing, le séchage des allumettes se fait à l'air libre, et dans une pièce contiguë avec celle du trempage d'une part, et celle de démontage d'autre part. Bien que ces divers ateliers aient des dimensions suffisantes, et que l'aérage puisse s'y faire facilement, il est bon de vous faire observer qu'ils communiquent tous directement entre eux, et que, par conséquent, ils contribuent aussi, pour une forte part, à vicier l'air de l'atelier de la mise en châssis.

Dans l'ancienne serre du château, local vaste, spacieux, voûté en maçonnerie et bien aéré, se trouve le bain-marie où se prépare la pâte chimique à la colle forte, au nitrate de potasse, par quantité de 10 à 12 kilogrammes à la fois. Si, au lieu de chauffer le bain-marie à la houille, on lui communiquait la chaleur par un jet de vapeur pris dans le générateur qui n'en est pas éloigné, ce local réunirait toutes les conditions convenables pour l'usage auquel il est destiné.

Les rebuts d'allumettes chimiques sont ramassés tous les jours et brûlés sous le foyer de la machine à vapeur. Cette pratique est en usage depuis longtemps et n'a donné lieu, jusqu'ici, à aucune plainte.

En général, Messieurs, cet établissement est bien tenu ; la surveillance y est constante et exercée à la fois par les deux patrons, par un contre-maître, et par des chefs ouvriers pour chaque partie de la fabrication. Presque tous les ouvriers qui y travaillent habitent le village de Rémelfing ; plus du tiers de la population de cette commune n'a pas d'autre occupation. Les mères de familles et les jeunes enfants ne fréquentent les ateliers qu'une partie de la journée ; les premières s'occupent le matin des soins du ménage, les seconds vont à l'école jusqu'à l'âge de 12 ou 13 ans. Enfin, les chefs de l'établissement, le contre-maître et le portier habitent les autres parties du château ; tous ont de la famille, et la santé générale de ce personnel prouve évidemment qu'en dehors des limites que nous avons assignées précédemment, la fabrication des allumettes chimiques est sans inconvénient pour le voisinage.

Les cas de nécrose observés par M. le docteur Guillaume ne sauraient être attribués à telle ou telle fabrique particulière, puisque ce praticien a négligé de recueillir les renseignements propres à fixer notre opinion sur ce sujet. Comme d'ailleurs le mal chimique ne se montre en général qu'après un séjour de plusieurs années dans les ateliers de chimicage, et qu'il y a, dans le personnel de ces fabriques, un va et vient continuel, les nécroses observées à Sarreguemines doivent être mises sur le compte commun de toute la fabrication. Mais, à Rémelfing, la population du village est plus constante, et les cas de nécrose observés par M. le docteur de Langenhagen dans cette commune appartiennent bien certainement à la fabrique de MM. Ziegler et Cie. J'emprunte encore au rapport du médecin de la 34e circonscription cantonale le passage suivant : « J'ai eu occasion, il y a trois ans, d'extirper à trois enfants de 13 à 17 ans, des portions nécrosées du bord alvéolaire de la mâchoire inférieure. Ce fait ne s'est plus renouvelé depuis, et dans la visite générale que j'ai faite il y a quelques jours, je n'ai rien remarqué qui pût faire redouter la manifestation de ce même accident. » Cette dernière partie de la citation que je viens de faire est très-rassurante, sans doute, mais comme les chimiqueurs et les démonteurs ne sont pas des enfants de 13 à 17 ans, il résulte du rapport de M. de Langenhagen que les monteurs de châssis peuvent aussi contracter le mal chimique ; circonstance qui est en effet démontrée par la communication établie entre des ateliers insalubres au plus haut degré et ceux qui ne le sont pas du tout.

Deux fois déjà, l'établissement dont il est question a été le théâtre d'incendies assez considérables, mais à la manifestation desquels le phosphore et ses préparations sont complètement étrangers: le premier ayant été causé par des flammèches échappées à la cheminée de la machine à vapeur, lesquelles se sont abattues sur un grenier à foin à proximité, le second s'étant déclaré dans l'atelier où se fabriquent les boîtes de bois destinées à renfermer les allumettes chimiques. Enfin, les incendies partiels qui se présentent souvent lors de l'emboîtage des allumettes n'ont produit jusqu'ici aucun accident sérieux, car je n'ai trouvé aucune trace de brûlures sur les mains des démonteurs.

La seconde fabrique d'allumettes chimiques dont j'ai à vous faire connaître les dispositions est celle de MM. Couturier, Lauth et Cie. Elle ne le cède en rien pour l'importance à celle de Rémelfing, et par sa situation à proximité de la ville de Sarreguemines, elle mérite de fixer votre attention d'une manière toute particulière. C'est d'ailleurs elle qui a donné lieu à toutes les plaintes qui ont été adressées à l'autorité, et c'est sa mauvaise tenue qui a provoqué l'enquête dont j'ai l'honneur de vous soumettre les résultats.

Cet établissement a été autorisé une première fois, et pour cinq années, par un décret présidentiel en date de février 1849; cette autorisation a été renouvelée pour cinq autres années par un arrêté préfectoral en date de 1854; cette deuxième période expirant en 1859, il importe à l'administration de savoir comment sont exécutées les prescriptions précédemment imposées, et de s'éclairer sur la légitimité des plaintes qui ont été formulées lors de la demande en autorisation faite dernièrement pour la création d'une nouvelle fabrique de ce genre.

L'établissement de MM. Couturier est situé sur la rive droite de la Sarre, à environ 300 mètres des premières maisons de la ville de Sarreguemines; complètement isolé de toute autre habitation, il est composé de plusieurs bâtiments placés les uns près des autres, et construits successivement, à mesure que la fabrication a pris de l'extension.

La mise en châssis des bois à allumettes s'opère dans un atelier où se trouvent réunis de 125 à 150 femmes, filles ou enfants, depuis six heures du matin jusqu'à sept heures du soir en toutes saisons, avec une interruption d'une demi-heure pour le déjeûner, d'une heure pour le dîner, et d'un quart d'heure pour le goûter. Mais comme ces ouvriers travaillent aux pièces, il est rare que ces interruptions soient aussi longues ; et comme aussi la plupart habitent les villages des environs ou les quartiers éloignés de la ville, ils apportent ou se font apporter leur nourriture, de sorte que, le plus souvent, ils restent dans l'atelier depuis le matin jusqu'au soir. Ces fâcheuses habitudes ne sauraient cependant être réglementées, et je ne vous les signale ici que pour vous faire mieux sentir la nécessité de modifier les dispositions du local. Ainsi, la salle dont il est question a des fenêtres de dimensions fort étroites, et la plupart sont à châssis dormants. Sa hauteur, sa longueur et sa largeur ne produisent que 675 mètres cubes, ce qui représente environ 5 mètres cubes d'air pour chaque ouvrier dans les circonstances ordinaires, et seulement 4 mètres quand l'atelier est au complet. J'ajouterai encore que la ventilation y est tout à fait nulle, et que le renouvellement de l'air ne peut s'opérer que par la porte, les ais mal joints du plafond, et le tirage des deux poêles qui, en hiver, chauffent ce local. Il suffit, sans doute, qu'un pareil état de choses vous soit signalé, pour que vous demandiez la création de ventouses ou d'ouvertures dans le plafond de cet atelier. L'administration devra, d'ailleurs, se montrer d'autant plus exigeante, que cette amélioration, très-facile à exécuter avec un peu de bonne volonté, a déjà été réclamée plusieurs fois par la commission de surveillance du travail des enfants dans les fabriques, dont un membre accompagnait votre rapporteur, lors de sa visite à l'établissement de M. Couturier.

L'atelier où se pratiquent le soufrage et le chimicage des allumettes a des dimensions convenables ; il est éclairé par deux fenêtres, et l'air peut facilement y circuler. Sous ce rapport il n'y a rien à en dire ; mais la manière dont on a disposé les diverses parties du service mérite de fixer votre attention. La fusion du soufre a lieu à feu nu, dans un vase carré ayant une gorge pour recevoir le trop plein. Lors de mon arrivée dans cet atelier, cette gorge était elle-même remplie de soufre liquide dont l'excédent s'écoulait tout autour, et tombait en partie sur le fourneau destiné à en opérer la fusion ; de là, dégagement de vapeurs de soufre, mélangées de quantités appréciables d'acide sulfureux, et danger continuel d'incendie, si, par la négligence de l'ouvrier, le feu des gouttelettes de soufre qui tombent sur le fourneau se communiquait à la masse du bain. A côté du vase dont il vient d'être question, et à une distance d'environ 50 centimètres seulement, se trouve un fourneau à houille, sur la plaque duquel sont posés deux vases de fonte, d'une capacité de 5 à 6 litres chacun, et remplis de pâte chimique. Cette disposition a pour but de tenir la pâte en fusion et de permettre au trempeur d'y puiser la quantité nécessaire pour garnir la plaque de chimicage placée à une faible distance. Il est impossible d'oublier plus complètement les règles de la plus vulgaire prudence, en tenant ainsi en fusion et à feu nu, pendant toute une journée, des vases remplis de matière aussi combustible que celle de la pâte phosphorique, sur un fourneau chauffé à la houille, dont on règle la combustion en ouvrant plus ou moins la porte du foyer, et cela à proximité d'un vase contenant 25 à 30 kilogrammes de soufre à 125°, et d'un nombre souvent considérable de châssis garnis d'allumettes soufrées ou déjà chimiquées. Une chose qui, au premier aperçu, semble inexplicable, c'est que, depuis plusieurs années que les choses se pratiquent dans d'aussi téméraires conditions, aucun accident ne se soit encore manifesté dans cet atelier. Mais, en y regardant de plus près, on trouve que c'est précisément cet excès de négligence qui est cause de cette sorte d'immunité, laquelle est due en effet, en grande partie du moins, à ce que le fourneau est, ainsi que les deux vases qui renferment la pâte chimique, presque entièrement enveloppé par une couche de charbon poreux produit par la combustion lente, partielle et successive des gouttes de matière chimique. La pâte phosphorée étant humide, elle ne prend pas feu en tombant sur le fourneau, mais elle s'y dessèche, en même temps que s'évapore la presque totalité du phosphore, et ne laisse qu'une matière gélatineuse, qui se boursoufle et se transforme peu à peu en un charbon volu-

5

mineux, mauvais conducteur du calorique, et qui isole complé-
tement le foyer de la matière qui s'échappe de la spatule de l'ouvrier.

Il arrive cependant quelquefois que les gouttes de pâte chimique qui tombent sur le fourneau s'enflamment à ce contact ;
dans ce cas, l'ouvrier chimiqueur les éteint facilement au moyen
d'un linge mouillé, et, pour les cas où cette pratique serait
insuffisante, il y a à sa portée quelques seaux remplis d'eau.
Je me hâte d'ajouter que je ne cite ceci qu'en raison de la bonne
intention ; car j'ai toujours trouvé ces seaux entièrement vides.
A ces fâcheuses dispositions, il faut encore ajouter qu'il n'existe
aucune hotte ; car on ne saurait donner ce nom à l'espèce d'ouverture que l'on a pratiquée au-dessus de la plaque de trempage,
de manière à porter au dehors de l'atelier la plus grande partie
des vapeurs soufrées ou phosphorées qui se dégagent continuellement. Le travail se pratique souvent à la lumière, et cependant
il existe au-dessus du bain de soufre une lampe, dont la flamme
n'est isolée par aucune toile métallique.

Si, en sortant de cet atelier, nous passons dans l'étuve qui y
est contiguë, nous trouvons encore les choses plus mal disposées,
et la même insouciance pour prévenir les accidents. Cette pièce
reçoit le jour par trois fenêtres ; elle est assez élevée, et son plafond, en forme de pyramide quadrangulaire à surfaces courbes,
est percée, à son sommet, d'une ouverture que j'ai trouvée fermée.
Cette ouverture est d'ailleurs trop étroite, et semble, comme
toutes les autres du même genre, n'avoir été faite qu'à regret ;
car, lorsqu'elle donne issue à l'air de l'étuve, celui-ci ne se rend
pas dans l'atmosphère, mais sous les combles du bâtiment, où,
par son accumulation, il paralyse l'effet du vantail et augmente
les chances d'incendie.

Des rayons de bois sont disposés tout autour de l'étuve et
destinés à recevoir les caisses de châssis d'allumettes qui sont
apportées par les chimiqueurs et qui sont enlevées par les
démonteuses au bout de deux ou trois heures. Un seul ouvrier
préside à la direction et au chauffage de cette véritable
fournaise, et vous comprenez sans peine dans quelles mau-

vaises conditions hygiéniques il se trouve placé. Mais il est encore un autre point qu'il est important de vous signaler : c'est celui du chauffage même de l'étuve, qui se fait, on aura de la peine à le croire, au moyen d'un énorme poêle en fonte chauffé à la houille et placé au milieu de cette masse d'allumettes chimiques à tous les degrés de dessiccation ! Joignez à cela un sol pavé de briques et recouvert de nombreuses allumettes pouvant prendre feu par la pression du pied des ouvriers, par une étincelle ou un morceau de houille échappé du foyer, et vous aurez une idée de tous les dangers qui sont réunis dans cet atelier. N'allez pas croire, Messieurs, que je me plaise à exagérer ce triste état de choses et que mes prévisions soient irréalisables, car l'incendie considérable qui, il y a deux ans, a détruit une partie de l'établissement de MM. Couturier, a précisément commencé dans l'étuve, où il a été déterminé par la chute d'une partie du plafond qui, en tombant sur les allumettes, en a déterminé l'inflammation.

Immédiatement à côté de l'étuve, communiquant directement avec elle et partageant ainsi son atmosphère viciée, se trouve l'atelier des démonteuses, qui, au nombre de 18 ou 20, enlèvent les allumettes des châssis et les réunissent en paquets, pour être vendues au kilogramme, d'après la nouvelle méthode parisienne, ou les renferment dans des boîtes, dans des étuis, etc. La présence d'abondantes vapeurs phosphoriques dans l'air de cet atelier est décelée par leur couleur blanchâtre et par la toux sèche qu'on y entend de temps en temps. La température, moins élevée que celle de l'étuve, y est cependant considérable; et d'après les dimensions de cette pièce, chaque ouvrier ne dispose que d'environ cinq mètres cubes d'air respirable et dont le renouvellement n'est assuré par aucune disposition particulière.

Un autre atelier, dont il sort journellement 60 à 80,000 boîtes d'allumettes chimiques, est placé dans le voisinage du précédent. C'est celui dans lequel on ne pratique d'habitude que l'empaquetage et l'emballage des allumettes et des boîtes, mais qui est souvent rendu insalubre par plusieurs causes, dont les principales sont le défaut d'espace et de ventilation, l'installation de plusieurs démonteuses de châssis, par la température élevée en toutes saisons, et enfin par la cire à cacheter tenue en fusion sur un fourneau, de sorte que l'atmosphère est remplie de vapeurs résineuses produites par les gouttes de cire qui tombent sur le poêle.

La préparation de la pâte chimique, composée comme à Rémelfing de gélatine, de phosphore, de nitrate de potasse et de matière colorante, se fait au bain-marie par masses de 12 à 15 kilogrammes à la fois. C'est, de tous les ateliers de chimicage, celui où il existe le moins d'inconvénients pour la salubrité des ouvriers qui y travaillent et celui où il y a le moins de dangers d'incendie. Il est complètement isolé, et pour le mettre dans de bonnes conditions, il suffirait d'agrandir la hotte qui y est en partie construite, et d'en proscrire le feu en chauffant le bain-marie par un jet de vapeur.

Je terminerai cette première partie des observations auxquelles a donné lieu la fabrique de MM. Couturier, Lauth et Cie, en vous conduisant dans l'atelier où se fabriquent les boîtes à allumettes. Cette opération, par elle-même sans aucune espèce d'inconvénients quand elle est pratiquée dans des conditions convenables, comme à Rémelfing, par exemple, est faite à Sarreguemines dans un atelier présentant une capacité d'environ 300 mètres cubes, et dans lequel travaillent 18 à 20 ouvriers durant treize heures par jour. Ces proportions entre le personnel et la quantité d'air respirable seraient certainement suffisantes, si les trois quarts de l'espace n'étaient occupés par des rayons, sur lesquels sèchent continuellement des milliers de boîtes collées à la gélatine, et dont le bois humide dégage une quantité de vapeur d'eau considérable. Si maintenant j'ajoute qu'il n'existe des fenêtres que pour la forme, que la ventilation y est absolument nulle, et que deux énormes poêles en fonte maintiennent la température de ce milieu à 25 ou 30°, vous pourrez peut-être vous faire une idée de l'insalubrité complète d'un pareil atelier. Quelle que soit la tolérance qu'il convient d'accorder aux industriels dans la direction de leurs établissements, il est évident qu'un pareil état de choses ne saurait être toléré plus longtemps.

Pour continuer à donner à cet atelier la destination d'aujour-
d'hui, votre rapporteur et les deux délégués de M. le Sous-Préfet
de Sarreguemines qui l'accompagnaient, pensent qu'il faudrait
en doubler la hauteur, rendre mobiles les châssis des fenêtres,
et pratiquer au plafond une ou deux larges ouvertures pour laisser échapper au dehors les abondantes vapeurs humides qui en
vicient l'atmosphère. Cette amélioration, plusieurs fois réclamée, tout en profitant largement aux ouvriers, augmenterait la
vitesse de dessiccation des boîtes, et couvrirait rapidement la dépense de sa construction. Enfin, un deuxième atelier, destiné
aux mêmes travaux que le précédent, mais plus petit (il ne
contient que 9 ouvriers), se trouve aussi dans de très-mauvaises
conditions, et, bien que son état soit en général moins mauvais
que celui dont il vient d'être question, il y aurait également lieu
d'y faciliter le renouvellement de l'air.

Il doit vous sembler, Messieurs, que l'établissement dont je
vous fais parcourir les principaux ateliers réunisse déjà assez de
causes d'insalubrité et de dangers de toutes sortes pour fixer l'attention de l'autorité, et provoquer de sa part quelques change-
ments dans plusieurs de ses parties. Je dois cependant vous rappeler encore que c'est là que j'ai vu pratiquer, sur une large
échelle, la combustion des débris d'allumettes déjà chimiquées
avec les déchets provenant des ateliers de sciage et de rabotage.
Comme c'est là le seul inconvénient qui, pour le voisinage,
semble résulter de la fabrication des allumettes chimiques, il
faut bien reconnaître que c'est à cette pratique que l'on doit
attribuer les plaintes qui ont été faites contre cette industrie.
M. le maire de Sarreguemines avait donc raison de réclamer
l'enquête qui a été prescrite par M. le Préfet de la Moselle.
J'ajouterai enfin que, d'après M. le docteur Guillaume, c'est de
cet établissement que sont sortis les cas les plus nombreux,
comme les plus graves, des nécroses qu'il ait eu occasion d'observer. Cette opinion du savant praticien de Sarreguemines
trouve sa confirmation dans la seule inspection des lieux, aussi
bien que dans les renseignements particuliers qui m'ont été
communiqués. Je dois cependant, pour être juste, vous dire que,

dans le rapport déjà cité, M. le docteur de Langenhagen émet un avis plus favorable à la fabrique de Sarreguemines qu'à celle de Rémelfing; malgré tout le respect que m'inspire ce document officiel, je persiste, avec tout le monde, à être convaincu du contraire.

Si, maintenant, je passe à un autre ordre de considérations, et si j'examine quelles ont été les dispositions prises, soit dans le décret de 1849 autorisant cet établissement, soit dans l'arrêté préfectoral de 1854 prorogeant cette autorisation pour cinq années, je trouve que, des prescriptions imposées, les unes sont complètement oubliées, et que les autres n'ont été exécutées qu'en partie. Ce résultat, que malheureusement le conseil central ne constate que trop souvent, vous démontre, une fois de plus, la nécessité d'une surveillance plus efficace, plus intelligente et plus constante que celle de la police sur les établissements dangereux, insalubres ou incommodes.

Le paragraphe 1 de l'article 1er du décret de 1849 porte que : « Un bâtiment spécial, construit entièrement en maçonnerie, sera disposé à cet usage (la dessiccation des allumettes chimiques) dans la partie de l'usine la plus éloignée des ateliers A, B, C ; les portes de ce local s'ouvriront en dehors, et celle du foyer destiné à opérer la dessiccation des allumettes sera placée à l'extérieur. » La description que je viens de faire de l'étuve où se pratique cette opération vous indique comment ces sages prescriptions sont exécutées. Bien qu'à la rigueur on puisse tolérer la communication entre l'étuve, l'atelier de chimicage et celui de démontage, je crois que l'administration devra refuser toute continuation d'autorisation, si le système de chauffage employé aujourd'hui n'est complètement modifié et rendu conforme aux exigences du décret de 1849.

Le paragraphe 2 de l'article 1er porte ce qui suit : « Construire jusqu'à la rivière de Sarre un aqueduc souterrain destiné à y conduire les eaux provenant de la fabrication. » Ici, Messieurs, vous devez reconnaître l'inconvénient qu'il y a, parfois, à ne pas bien se rendre compte des détails d'une fabrication, ainsi que la disposition des lieux, quand il s'agit de prescrire des mesures applicables à l'hygiène des ouvriers ou à la salubrité du voisinage. L'eau, en effet, est, comme vous l'avez vu, complètement inutile pour la fabrication des allumettes chimiques, et le seul résidu liquide qu'il pourrait y avoir inconvénient à verser au dehors, est celui que contiennent les barils dans lesquels on conserve le phosphore. Mais, outre que cette eau est renouvelée très-rarement, il est facile de s'en débarrasser par son écoulement dans une petite fosse d'absorption, ou en roulant les barils jusqu'à la rivière pour y être vidés. Il ne faut donc pas s'étonner que l'aqueduc prescrit n'ait pas été construit, et que l'on ait paru surpris quand j'ai montré la disposition du décret qui en ordonnait la construction.

Le paragraphe 5, qui prescrit de broyer à sec, *et séparément,* les matières premières dont on fait usage, n'est évidemment pas conforme aux exigences de la fabrication des allumettes chimiques. La même observation doit être faite à propos du 7e paragraphe de l'article 1. Ces prescriptions sont, comme j'ai eu l'honneur de vous le dire dans une autre occasion, particulièrement applicables à la préparation des artifices et à celle des fulminates qui entrent dans la composition des capsules de guerre.

Les paragraphes 8 et 13 du même article 1, concernant le sol de l'étuve, qui doit être recouvert d'une couche de sable fin, sont inexécutés ; il en est de même pour la construction d'une hotte au-dessus du vase ou s'opère la fusion du soufre à feu nu.

Enfin, l'article 3 n'a été qu'en partie exécuté, et on n'a pas même pu me représenter une copie du décret qui prescrit l'affichage de toutes ces dispositions dans l'établissement.

Ainsi, Messieurs, soit que l'on visite les ateliers de la fabrique de MM. Couturier, Lauth et Cie, soit que l'on écoute les plaintes des habitants de la ville, soit enfin que l'on examine les prescriptions imposées aux industriels qui le dirigent, partout et toujours nous trouvons la preuve de la nécessité de l'enquête, et vous pressentez les légitimes exigences que l'administration devra manifester, quand il s'agira de renouveler l'autorisation qui expire cette année.

Pour me résumer en quelques mots sur cette fabrique, je dirai que sa mauvaise tenue est générale ; que la plupart des ateliers ont des dimensions trop étroites, relativement au nombre des ouvriers qui y travaillent ou des opérations qui s'y pratiquent ; que partout on y trouve des traces de l'insouciance et de l'imprudence caractéristiques de la classe ouvrière, et aussi, il faut le dire à regret, d'une indifférence complète de la part des propriétaires pour la santé de leurs ouvriers, la sécurité de l'établissement, la salubrité publique, et l'exécution des prescriptions imposées ou des améliorations réclamées par l'administration.

Je ne mentionne ici que pour mémoire la nouvelle fabrique de MM. Hamm, Fischer et Cie, dont vous avez accordé l'autorisation dans votre dernière réunion, et pour laquelle, cela doit vous paraître évident aujourd'hui, vous avez pris toutes les précautions nécessaires pour assurer la conservation de la santé aux ouvriers, ainsi que la salubrité du voisinage. Je pense que cet espoir ne sera pas déçu, et que les travaux du conseil central d'hygiène de la Moselle pourront être consultés avec fruit par les administrations qui auront à s'occuper de pareilles questions.

Il existe enfin, à Bitche, une quatrième fabrique d'allumettes Je n'ai pas visité cet établissement, tant à cause de son peu d'importance, car il n'emploie que 20 ouvriers, que parce que, jusqu'ici, il n'a donné lieu à aucune plainte. Je pense cependant pouvoir combler cette lacune cette année, et si, contre toute prévision, ma visite donnait lieu à quelques observations nouvelles ou importantes, je me ferais un devoir de vous en donner communication.

Il me reste maintenant encore, Messieurs, à vous faire connaître la fabrication des allumettes chimiques dans la ville de Metz, où il n'existe pas, à proprement parler, de fabriques de cette nature : d'après les renseignements fournis par la police municipale, deux familles seulement pratiquent cette industrie. Ces petits ateliers tendent de plus en plus à disparaître, en présence de la supériorité des produits de la grande fabrication, et aussi de la diminution croissante de la valeur vénale.

Malgré ce peu d'importance industrielle, ces deux fabricants ne consomment pas moins de 50 kilogrammes de phosphore par ans, ce qui représente au moins deux millions de paquets d'allumettes. Ces allumettes ne se vendent pas en boîtes, mais en petites bottes de 50 à 60 allumettes, ce qui, au prix moyen de 75 centimes le cent, donne encore une production annuelle de 7 à 8,000 francs.

Les dosses de sapin ordinairement employées à la fabrication des allumettes, car le tremble et le bouleau sont trop rares ici, sont divisées à la scie ordinaire en tronçons de 7 à 8 centimètres de longueur, puis, à l'aide d'un couteau articulé par une de ses extrémités, découpées en planchettes minces dans le sens des fibres ligneuses; coupant alors dans une direction perpendiculaire aux premières sections, on subdivise toutes les planchettes en allumettes carrées plus ou moins fines, selon l'habileté de l'ouvrier. Ces allumettes sont ensuite réunies en petites bottes de 50 à 60, liées par un gros fil, puis groupées par meulettes de 25 ou de 50 paquets, afin d'en chimiquer une grande quantité à la fois.

Le soufrage se fait sur une longueur d'environ 2 centimètres, et pour éviter, autant que possible, qu'il ne détermine l'adhérence des allumettes, on secoue fortement les paquets qui viennent d'être trempés pour en faire tomber l'excès de soufre. Ensuite on imprime une sorte de mouvement général de torsion à toute la meulette, de manière à tenir aussi éloignée que possible la tête des allumettes que l'on va chimiquer.

La pâte phosphorique se prépare, chez chacun de ces fabricants, au phosphore, à la gomme, et au chlorate de potasse; la coloration de la masse est faite avec du rouge de Prusse chez l'un, et du vermillon chez l'autre. La présence du chlorate de potasse dans ces allumettes est facile à constater par le bruit qu'elles produisent quand on les enflamme, par la couleur bleuâtre de la lumière, et par l'odeur qui se manifeste. Malgré la défense faite à ces fabricants d'employer le chlorate dans la préparation de leur pâte chimique, ils n'en continuent pas moins l'usage, en raison de l'économie qu'ils peuvent faire de la pâte,

6

dont il faut une très-minime quantité pour rendre sensibles leurs allumettes., Il y a six ans que l'une des ouvrières a cependant été victime d'une explosion de la pâte phosphorique, et, malgré cette triste expérience, elle n'en persiste pas moins dans ses mauvaises habitudes, autant par économie que pour montrer, dit-elle, qu'elle a du courage.

Le trempage se fait dans la masse elle-même, ce qui, pour le faire convenablement, demande une très-grande habitude et beaucoup d'adresse. Contrairement aux prescriptions de la police, et malgré les condamnations en simple police qui ont déjà frappé chacune de ces personnes, le chimicage se fait très souvent, sinon toujours, dans le local qu'elles habitent avec leur famille.

La préparation de la pâte chimique se fait à feu nu dans un vase de terre et avec environ 125 grammes de phosphore pour chaque opération. Inutile d'ajouter que, comme pour l'opération précédente, les règlements de la police sont le plus souvent oubliés; je dois cependant vous dire que l'une de ces fabricantes est locataire d'une maison isolée, au Sablon, dans laquelle elle va chimiquer quand la fabrication est active.

Bien que l'une de ces femmes fabrique des allumettes chimiques depuis leur origine, c'est-à-dire depuis douze ou treize ans, je n'ai trouvé sur elle, ni sur les autres, des traces d'une altération quelconque de l'émail des dents ou des gencives. Cette exception, qui semble également appartenir aux autres membres de la famille, trouve encore son explication dans l'alternance des travaux; car le chimicage ne se pratique guère qu'une fois ou deux par semaine, le reste du temps étant consacré à la mise en paquets. Cette opération, pratiquée par la femme et les enfants, est la plus longue de toutes celles que comporte cette industrie.

Pour résumer les observations auxquelles donne lieu cette partie de l'industrie qui nous occupe, je dirai que, vu la difficulté, sinon l'impossibilité, de forcer ces fabricants à n'employer que le nitrate de potasse, et de pratiquer le chimicage dans leur appartement, il est désirable de voir la grande fabrication s'améliorer de plus en plus; alors toutes ces petites industries seraient mises à néant, à la satisfaction commune des fabricants et des ouvriers, ainsi que de celle du voisinage.

— 43 —

CONCLUSIONS.

Il est temps, Messieurs, que je mette fin à la patience avec laquelle vous avez bien voulu m'écouter jusqu'ici, et que je résume, sous la forme de vœux à émettre ou d'obligations à imposer, les conséquences qui découlent de ce qui précède, et desquelles, par un côté quelconque, dépendent la santé des ouvriers, la salubrité publique ou la sécurité générale.

En 1856, le gouvernement a publié les rapports du jury mixte international, organisé lors de l'Exposition universelle. M. Stass, l'un des rapporteurs, s'exprime ainsi à propos de la fabrication des allumettes chimiques : « Existe-t-il un moyen de se procurer facilement du feu et de la lumière? Ce moyen n'expose-t-il pas la santé de l'ouvrier? ne peut-il donner lieu ni à des inconvénients, ni à un empoisonnement, soit accidentel, soit criminel ? En principe, tous les membres du jury ont été d'accord sur son existence, mais la question de son application n'a pas paru à tous entièrement résolue. » .... « La substitution du phosphore rouge, inaltérable dans les conditions ordinaires, non vénéneux, au phosphore ordinaire, spontanément inflammable, vénéneux, est un fait désormais possible, et on peut affirmer que, dans un avenir peu éloigné de nous, ce corps remplacera le phosphore blanc dans la fabrication des allumettes chimiques. Mais, dans le moment présent, tous les problèmes que soulève cette substitution sont-ils suffisamment résolus? La composition la plus convenable à donner à la pâte et au vernis du phosphore rouge est-elle assez bien déterminée pour qu'on puisse immédiatement demander à l'autorité d'exiger cette substitution, et de prescrire l'emploi du phosphore rouge? Le jury n'est certainement pas de cet avis. Ce remplacement, étant possible, s'accomplira; l'intérêt de tous y est engagé, et en premier lieu, celui des fabricants d'allumettes. Dans l'opinion du jury, décider d'autorité ce remplacement immédiat, c'est s'exposer à d'inévitables mécomptes, à d'inextricables difficultés. En définitive, la sécurité n'est pas tellement en péril qu'il faille provoquer une mesure qui entame si grandement le grand et fécond principe de la liberté de l'exercice de l'industrie, proclamée par Turgot et sanctionnée par 1789. » .... « Nous croyons donc que l'autorité publique doit continuer à tolérer la fabrication, la vente et l'emploi des allumettes chimiques au phosphore ordinaire. Mais, en attendant que la pratique ait fait connaître une bonne méthode de fabrication de briquets de sûreté, et qu'ils aient pris la place que l'expérience seule peut leur assigner, l'autorité doit veiller à ce que les ateliers dans lesquels on opère la confection de la pâte, le chimicage, le dessèchement, le dégarnissage des presses, la mise en boîtes ou en paquets, soient convenablement construits ou ventilés, afin que les ouvriers soient soustraits aux émanations du phosphore. » Nous partageons ces espérances et cette manière de voir ; c'est dans cet esprit que j'ai rédigé les propositions qui me restent à vous soumettre.

Dans tous les décrets ou les arrêtés préfectoraux autorisant des établissements dangereux, insalubres ou incommodes, il est d'usage de réserver une clause qui établisse bien l'obligation, pour les impétrants, de se soumettre à toutes les prescriptions qui, dans un intérêt public, pourraient être imposées de nouveau. Il ne saurait donc y avoir de difficultés à redouter pour les propositions que j'ai à vous faire ; d'ailleurs les autorisations accordées aux fabriques d'allumettes chimiques ne sont que quinquennales ; il sera donc toujours facile d'introduire les additions que vous approuverez dans les arrêtés qui prorogeront ces sortes d'établissements.

Je dois aussi vous faire remarquer que plusieurs des propositions que j'ai à vous présenter peuvent s'appliquer à toutes les fabriques d'allumettes chimiques d'un peu d'importance et que, par conséquent, une ordonnance ministérielle pourra en déterminer l'application générale. C'est donc plutôt comme des vœux exprimés par le conseil central que comme des articles réglementaires que les propositions de cette nature devront être adressées à M. le Préfet de la Moselle. Enfin, Messieurs, pour plus de clarté dans cette exposition, j'ai partagé l'ensemble de toutes les mesures que je crois utile de proposer à la sanction administrative, en plusieurs catégories selon qu'elles sont applicables à toutes les fabriques d'allumettes chimiques de l'empire, ou qu'elles sont relatives à tel ou tel établissement du département de la Moselle, en les faisant précéder toutefois des considérations qui découlent de tout ce que je viens d'avoir l'honneur de vous rapporter.

Le conseil central d'hygiène et de salubrité publique du département de la Moselle,

Considérant que la fabrication des allumettes chimiques, avec le phosphore ordinaire, est insalubre au point de vue de la santé des ouvriers, et que les produits qu'elle livre à la consommation sont dangereux pour la santé publique ;

Considérant en outre que, dans le département de la Moselle, cette fabrication a pris une certaine extension, et que, sous plusieurs rapports, elle n'est pas pratiquée conformément aux prescriptions de l'administration ;

Considérant enfin que, sans nuire à la liberté industrielle des fabricants d'allumettes chimiques, ou à leurs intérêts, on peut leur imposer des modifications dans la manière dont ils installent leurs ouvriers ;

Le conseil central prie M. le Préfet de vouloir bien appuyer de sa recommandation auprès de S. Exc. M. le Ministre de l'agriculture, du commerce et des travaux publics, celles des propositions suivantes qui sont d'une application générale, ou de prendre en considération celles qui sont de sa compétence.

Dispositions applicables a toutes les fabriques d'allumettes chimiques.

1° Dans aucun cas et sous aucun prétexte, les débris d'allumettes chimiques ne pourront être détruits que par la combustion dans un foyer ardent ayant une cheminée d'une hauteur suffisante pour porter les vapeurs qui se dégagent assez haut dans l'atmosphère.

2° Dans les fabriques d'allumettes chimiques qui emploient au moins cinquante ouvriers, le chauffage de la pâte chimique aura lieu au bain-marie chauffé par un jet de vapeur.

3° Les allumettes chimiques ne pourront plus être livrées à la consommation, si elles renferment du chlorate de potasse, et si elles ne sont renfermées dans des boîtes, étuis, cartons, etc., etc.

Dispositions concernant la fabrique de MM. Couturier, Lauth et Cᵢᵉ.

4° Il est formellement interdit à MM. Couturier, Lauth et Cⁱᵉ, de continuer le chauffage de l'étuve dans les conditions où il se pratique actuellement.

5° Les châssis des fenêtres de tous les ateliers seront rendus mobiles ; les hottes actuellement établies et celles qui sont en projet seront agrandies, et, dans tous les cas, elles aboutiront au dehors, non sous les combles ou autres parties du bâtiment, et à une hauteur suffisante pour déterminer un bon tirage ;

6° L'atelier où se préparent les boîtes sera immédiatement exhaussé ; des ouvertures suffisantes et communiquant au dehors seront établies de manière à donner une libre circulation à l'air chaud et humide ;

7° Les articles 1 et 2 qui précèdent seront, dès à présent, applicables à la fabrique de MM. Couturier.

Dispositions concernant la fabrique de MM. Ziegler et Cⁱᵉ, de Rémelfing.

8° La communication actuellement existante entre l'atelier de chimicage et celui de la mise en châssis des allumettes, sera immédiatement et complètement fermée ;

9° Les dispositions de l'article 2 qui précède sont, dès à présent, applicables à la fabrique de Rémelfing.

Dispositions concernant les fabriques d'allumettes chimiques de la ville de Metz.

10° Il est formellement défendu au sieur Foisieu, rue Saint-Charles, n° 8, et à la femme Picard, née Havenel, rue aux Ossons, n° 3, de continuer de faire usage du chlorate de potasse dans la préparation de la pâte chimique ;

11° Si la seconde partie de l'article 3 qui précède recevait l'approbation de M. le Ministre, elle serait immédiatement applicable aux deux fabricants domiciliés à Metz.

Fait à Metz, le 20 mars 1859.

Le rapporteur, secrétaire du conseil central d'hygiène de la Moselle,

J.-B. GÉHIN.

〜〜〜〜〜

Metz, Imp. de V. MALINE.